5 et 6 Novembre 1906 V

OBJETS D'ART

ET

TAPIS ANCIENS

DE LA PERSE

APPARTENANT

A S. E. Mirza Abbas Khan Mohandis Bachi

DE TÉHÉRAN

Me LAIR-DUBREUIL, Commissaire-Priseur.

M. ARTHUR BLOCHE, Expert.

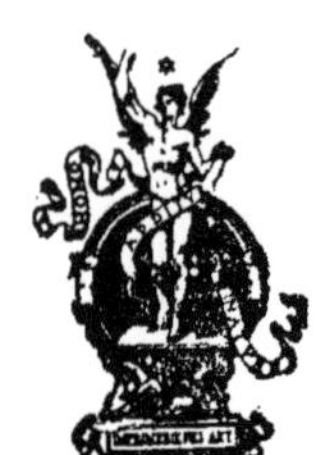

CATALOGUE

DES

OBJETS D'ART DE LA PERSE

ANCIENNES FAIENCES A REFLETS MÉTALLIQUES

Plaques de revêtement et pièces de forme

INSTRUMENTS DE MUSIQUE

CUIVRES ET ACIERS GRAVÉS ET INCRUSTÉS

ARMES ANCIENNES

Objets de vitrines. Broderies à la main. Brocarts

TAPIS ANCIENS

APPARTENANT

A S. E. Mirza Abbas Khan Mohandis Bachi

DE TÉHÉRAN

ET DONT LA VENTE AUX ENCHÈRES PUBLIQUES AURA LIEU

HOTEL DROUOT, SALLE N° 1

Les Lundi 5 et Mardi 6 Novembre 1906

à deux heures

Me LAIR-DUBREUIL	M. A. BLOCHE
COMMISSAIRE-PRISEUR	EXPERT PRÈS LA COUR D'APPEL
6, rue de Hanovre, 6	52, rue de Châteaudun

EXPOSITION PUBLIQUE

Le Dimanche 4 Novembre 1906, de 2 h. à 5 h. 1/2

CONDITIONS DE LA VENTE

Elle sera faite au comptant.

Les adjudicataires paieront *dix pour cent* en sus des enchères.

Paris. — Imp. de l'Art, E. MOREAU ET Cie, 41, rue de la Victoire.

DÉSIGNATION

TAPIS ANCIENS

1 — Tapis de soie, fond rouge et turquoise, à petit dessin, avec angles, bordure fond rouge.

Long., 2 m.; larg., 1 m. 40 cent.

2 — Tapis de soie, fond grenat et jaune, avec double médaillon, dessin représentant des arbustes, avec angles, bordure fond rouge.

Long., 1 m. 60 cent.; larg., 1 m. 20 cent.

3 — Tapis de soie à double face, fond bleu foncé, dessin très fin, bordure fond jaune.

Long., 2 m.; larg., 1 m. 30 cent.

4 à 7 — Quatre petits tapis de soie pour dessus de coussins.

8 — Tapis très fin, fond chamois, dessin à petits médaillons.

Long., 2 m. 30 cent.; larg., 1 m. 70 cent.

9 — Tapis de Ferahan, fond bleu foncé, à dessin polychrome, avec angles.

Long., 1 m. 85 cent.; larg., 1 m. 25 cent.

10 — Tapis turcoman, fond rouge foncé, dessin à médaillons.

Long., 2 m. 60 cent.; larg., 1 m. 60 cent.

11 — Tapis Chiraz, avec médaillons et angles, double laine.

Long., 1 m. 85 cent.; larg., 1 m. 47 cent.

12 — Grand tapis Sultanabad, fond blanc, avec grand dessin dit Chah Abbas. Bordure fond rouge.

Long., 4 m. 85 cent.; larg., 4 m. 10 cent.

13 — Tapis de Ferahan, fond bleu foncé, dessin Khetagi.

Long., 2 m. 10 cent.; larg., 1 m. 30 cent.

14 — Chemin du Hamadan.

Long., 3 m. 35 cent.; larg., 97 cent.

15 — Beau tapis du Kurdistan, fond bleu foncé velouté, dessin dit Hadji Mina Khani, bordure fond rouge.

Long., 4 m. 10 cent.; larg., 1 m. 60 cent.

16-17 — Deux chemins de Djavcheghan, dessin très fin.

Long., 2 m. 80 cent. ; larg , 80 cent.

18 — Tapis du Kurdistan, fond bleu, bordure crème.

Long., 3 mètres; larg., 1 m. 70 cent.

19 — Petit tapis Hamadan.

20 — Tapis ancien de Khorassan, fond bleu foncé, à dessin polychrome, médaillons et angles.

Long., 3 m. 45 cent.; larg., 2 m. 50 cent.

21 — Tapis de Ferahan, dessin très fin, bordure fond rose.

Long., 6 m. 10 cent.; larg., 2 m. 50 cent.

22 — Tapis fin de Khorassan, fond bleu foncé, dessin à palmettes, bordure fond rose.

Long., 4 m. 75 cent.; larg., 2 m. 25 cent.

23 — Petit tapis de prière, avec inscriptions, dessin de Mosquée.

24 — Petit tapis de prière Sarabend, avec angles.

25 — Tapis fin de Khorassan, fond bleu foncé, bordure fond rouge, dessin polychrome.

Long., 4 mètres; larg., 2 m. 25 cent.

26 — Grand tapis Mir, fond bleu foncé, dessin à palmettes, avec angles, large bordure.

Long., 5 m. 10 cent.; larg., 1 m. 90 cent.

27 — Tapis Hamadan.

Long., 2 m. 90 cent.; larg., 1 m. 10 cent.

28-29 — Deux chemins de Ferahan, fond rose, dessin à palmettes, avec bordure d'étoiles.

Long., 4 m. 30 cent.; larg., 75 cent.

30 — Chemin, poils de chameau.

Long., 4 m. 80 cent.; larg., 1 mètre.

31 — Chemin, poils de chameaux.

Long., 4 m. 60 cent.; larg., 1 mètre.

32 — Tapis de Chiraz, fond rouge foncé, large bordure, fond blanc et bleu, dessin Mir.

Long., 4 mètres; larg , 2 mètres.

33 — Tapis de Ferahan, fond rouge foncé, dessin Mir, avec angles, bordure fond blanc.

Long., 4 mètres; larg., 1 m. 90 cent.

34 — Tapis de Ferahan, fond bleu foncé, dessin polychrome, bordure verte.

Long., 3 m. 50 cent.; larg., 1 m. 60 cent.

35 — Grand tapis de Ferahan, fond bleu foncé, avec angles, dessin polychrome, avec large bordure.

Long., 4 mètres; larg., 1 m. 55 cent.

36 — Grand tapis Hamadan, fond grenat foncé, dessin Mir, bordure fond blanc.

Long., 5 mètres; larg., 2 m. 05 cent.

37 — Tapis de Ferahan, fond bleu, dessin polychrome, petits angles.

Long., 3 m. 05 cent.; larg., 1 m. 55 cent.

38 — Tapis de Ferahan, fond blanc, bordure fond rouge.

Long., 3 m. 80 cent.; larg., 1 m. 85 cent

39 — Grand tapis de Kurdistan, fond bleu foncé à reflets, avec angles, bordure fond blanc.

Long., 5 m. 60 cent.; larg., 1 m. 90 cent.

40 — Chemin, poils de chameau, dessin à grands médaillons.

Long., 3 m. 85 cent.; larg., 1 mètre.

41 — Chemin, fond bleu, large bordure.

Long., 3 m. 70 cent.; larg., 90 cent.

42 — Chemin de Chiraz fond bleu foncé velouté, dessin à grands médaillons, fond rouge.

Long., 3 m. 20 cent.; larg., 90 cent.

43 — Petit tapis, fond bleu foncé, dessin à grandes palmettes, bordure fond rouge.

Long., 1 m. 32 cent. ; larg., 1 mètre.

44-45 — Deux tapis fins du Kurdistan, fond bleu foncé velouté.

Long., 2 m. 95 cent.; larg., 90 cent.

46 — Tapis de Hamadan, fond bleu foncé, bordure fond jaune à reflets.

Long., 3 m. 80 cent.; larg., 1 mètre.

47 — Chemin du Kurdistan, dessin mosaïque, bordure fond jaune velouté.

Long., 3 m. 00 cent.; larg., 1 mètre.

48-49 — Deux tapis fins de Ferahan, dessin à rayures, bordure fond vert.

Long., 2 m. 90 cent.; larg., 1 mètre.

50-51 — Deux chemins du Kurdistan, fond rose, dessin à palmettes.

Long., 3 m. 70 cent.; larg., 95 cent.

52 — Tapis de Hamadan, dessin à rayures.

Long., 2 m. 90 cent.; larg., 95 cent.

53 — Tapis du Kurdistan, fond bleu foncé à reflets, dessin à palmettes.

Long., 3 mètres; larg., 95 cent.

54 — Chemin de Hamadan, fond bleu foncé velouté, dessin à palmettes, bordure fond vert.

Long., 3 m. 45 cent.; larg., 95 cent.

55 — Tapis Chiraz, fond bleu foncé, dessin polychrome.

Long., 2 m. 90 cent.; larg., 1 m. 05 cent.

56 — Tapis de Hamadan, à dessin polychrome.

Long., 2 m. 30 cent.; larg., 80 cent.

57 — Chemin du Kurdistan, fond bleu foncé velouté, dessin à palmettes, bordure fond vert.

Long., 4 m. 30 cent.; larg., 90 cent.

58 — Petit tapis de prière, fond blanc, bordure bleue.

59 — Petit tapis, fond lilas, avec médaillon et angles.

60 — Petit tapis avec médaillon et angles.

61 — Petit tapis, poils de chameau.

62-63 — Deux petits tapis de Chiraz, fond à reflets, dessin curieux. (Pour dessus de coussins.)

64-65 — Deux petits tapis de Chiraz, fond à reflets. (Pour dessus de canapé.)

66-67 — Deux petits tapis de Ferahan, fond à reflets. (Pour dessus de coussins.)

68 — Deux petites bandes de Fartoman.

ANCIENNES FAIENCES

A REFLETS MÉTALLIQUES

PLAQUES DE REVÊTEMENTS, PIÈCES DE FORME

69 — Plaque de revêtement, fond blanc, décor en relief à inscriptions et entrelacs fleuris. XIIe siècle.

70 — Plaque, forme étoile, décor à reflets métalliques mordoré, à ornements et inscriptions. XIIe siècle.

71 à 74 — Quatre plaques, forme étoiles, décor à reflets métalliques, à oiseaux, ornements et inscriptions en mordoré et bleu.

75 — Deux fragments de plaques à reflets métalliques, décor à ornements et inscriptions. XIIIe siècle.

76 — Deux petites plaques hexagonales, décor en jaune et manganèse varié. XIIe siècle.

77-79 — Trois lots de fragments de plaques, à décors variés.

80 — Fragment de plaque, fond gros bleu, décoré de caractères à reflets métalliques. XIIe siècle.

81 — Deux plaques, décor à groupes équestres et arabesques.

82-83 — Suite de vingt plaques, décor à personnages et ornements.

84 — Coupe ronde, décor à reflets métalliques : fleurs, pommes de pins, médaillons et entrelacs. XIVe siècle.

85 — Coupe ronde, décor à reflets métalliques à fleurs et plantes entrelacées. XIVe siècle.

86 — Petit plat rond à reflets métalliques, décor à branchages fleuris, revers à entrelacs. XIVe siècle.

87 — Petit plat, décor à reflets métalliques, branches fleuries, revers à arabesques. XIVe siècle.

88 — Petite coupe ronde à reflets métalliques, décor à rosaces de plantes fleuries, revers à arabesques. XIVe siècle.

89 — Deux petites coupes sur piédouches, décor varié à reflets métalliques.

90 — Petite gourde en ancienne faïence blanche, décor d'ornements en relief,

91 — Vase surbaissé à panse renflée, décor en bleu, parties transparentes. xve siècle.

92 — Aiguière bleu-turquoise (provenant de fouilles, époque primitive).

93 — Bouteille, décor en bleu sur blanc à médaillons, fleurs et arabesques. xive siècle.

94 — Gargoulette, décor bleu sur blanc à fleurs et volatiles. xive siècle.

95 — Petit vase surbaissé, décor en bleu, rouge et vert, gerbe fleurie et ornements. xive siècle.

96 — Bol, décor en bleu à fleurs et feuillages.

97 — Vase surbaissé, fond brun craquelé, paysage en bleu.

98 — Petit vase, décor oiseaux et paysages en bleu.

99 — Vase, décor à bandes diagonales en bleu.

100 — Petit vase à pans, décor à entrelacs en bleu.

101 — Aiguière bleu-turquoise, de forme élancée.

102 — Vase à panse mi-sphérique, décor à bouquets de fleurs en bleu.

103 — Porte-bouquets à cinq tubes, décor à personnages et fleurs.

104 — Vase, décor à fleurs et personnages.

105 — Gargoulette, fond bleu-turquoise, décor à reflets métalliques.

106-107 — Deux aiguières, fond bleu, décor à reflets métalliques à entrelacs fleuris.

108-109 — Deux vases à cinq tubes, fond blanc, décor à reflets métalliques.

110 — Vase, fond bleu-turquoise, décor à reflets mordorés.

111 — Jardinière à pans, décor à bouquets de fleurs et vue de ville.

112-113 — Quatre petits vases à décors variés.

114 à 116 — Trois vases de formes variées, décor à reflets métalliques.

117-118 — Cinq soucoupes, décor en bleu sur blanc.

119 — Coupe à sacrifice de l'Inde, décor à bandes de fleurs.

120 — Fragment de groupe, forme rectangulaire, fond bleu-turquoise.

121 — Plaque décorée de cinq personnages assis dans des médaillons encadrés d'arabesques.

122 — Fragment de plaque de revêtement, fond jaune, décor bleu en relief.

123 — Grand vase à deux anses, décor en bleu sur blanc : oiseaux, dragons et fleurs.

124 — Trois vases anciens de formes variées.

125 — Deux pièces en terre cuite : vase et amphore.

126 — Petit vase funéraire en terre cuite, décoré d'oiseaux.

127 — Fragment de tête d'animal et caillou gravé, pierres d'Orient.

128 — Fragment de plaque vitrifiée, ton émeraude.

129 — Trois coquillages, avec inscriptions gravées.

130 à 132 — Trois plaques de revêtement, décor à reflets métalliques, offrant des oiseaux symboliques, un dragon au milieu de nuages. XIIIe siècle.

133 — Quatre fragments de faïence à reflets métalliques.

INSTRUMENTS DE MUSIQUE

134 — Grand violon persan dit Tar, incrusté de mosaïque.

135 — Guitare dite Tchoungout, décor laqué à personnages.

136 — Petite guitare, dite Setar, de même travail.

137 — Mandoline dite Kemantche, incrustée d'ivoire et de nacre.

138 — Tambour rond sur pied, incrusté de mosaïques dit Tombek.

139 — Grand tambourin incrusté de mosaïque, dit Darya.

140 — Cythare incrustée de mosaïques.

BRODERIES A LA MAIN

EN FIL D'OR ET A JOUR SUR TOILE, SOIE, CACHEMIRE ET DRAP

ÉTOFFES — BROCARTS — GILETS PERSANS

141 — Panneau en broderie polychrome, représentant des chats, des fleurs et des arabesques.

142 — Grande tenture en drap beige, richement brodée, à médaillon de fleurs, bordure à gerbes et ornements.

143-144 — Deux panneaux en cachemire de Perse, dessin à pommes de pins, chimères, paons et inscriptions.

145-146 — Deux petits tapis de table en cachemire brodé, fond rouge, dessin multicolore.

147 — Pente en brocart d'or, brochée de soie, dessin à palmettes.

148 — Petit tapis en brocart d'or, dessin à palmettes, bordure à fleurs et oiseaux.

149 — Petit panneau en brocart, à petits dessins, fond jaune, bordure fond rouge sur trois côtés.

150 — Petit tapis en brocart, carré, fond gros bleu, tissé d'or, bordure fond d'or, dessin à palmes.

151 — Petit tapis en brocart, dessin à rayures brochées et à fleurs, bordure fond jaune à arabesques.

152 — Dessus de table en brocart, fond d'or, dessin fleuri, bordure sur deux côtés, fond bleu, à palmes.

153 — Tapis en satin cerise, broché à fleurs, bordure à rayures.

154 — Petit tapis, fond d'or à palmes, bordure fond rouge.

155 — Petit tapis en broderie de Perse très fine, à bandes diagonales, fond blanc.

156 à 158 — Quatre gilets persans finement brodés, à dessins variés.

159 — Petit tapis carré en ancien velours rouge, à fond de brocart.

160 — Coussin en velours de Gênes, dessin à parterre de fleurs.

161 — Dessus de coussin, fond d'or, dessin velouté rouge, à fleurs.

162 — Tapis de prière en velours rouge richement brodé en fin, aux armes de Perse, oiseaux et entrelacs.

163 — Deux coussins en velours rouge brodé, à petits dessins d'entrelacs.

164-165 — Deux petits tapis carrés en velours rouge, brodé en fin, à rosaces, bordures à arabesques.

166 — Petit bandeau, fond de satin bleu, brodé à oiseaux et pommes de pin.

167 — Petit tapis carré, dessin dit mosaïque, en polychrome, sur fond jaune.

168 — Petit tapis, dessin dit mosaïque, sur fond blanc, bordure fond vert.

169 — Tapis brodé à semis de fleurs en soie et fils métalliques, sur fond jaune.

170 — Tapis de Téba, fond jaune, dessin à rosaces, semis de fleurs et oiseau en soie.

171 à 174 — Quatre tapis de différentes grandeurs en soie brodée, à dessins variés.

175 — Tapis rond de table en étoffe tissée métallique, fond gros bleu.

176 — Voile en gaze rouge, tissée de fils d'or.

177 — Tapis, fond rose, tissé métallique, bordure fond bleu.

178 — Panneau de mosquée, tout brodé à jour, en fil de soie blanche.

179 — Tapis de prière, brodé en fil de soie blanche et parties argent.

180-181 — Deux panneaux de mosquée en broderie de fil de soie blanche à jour.

182 à 187 — Six petits tapis de prière en fil de soie blanche.

188 — Panneau en velours de Kachan, dessin à pommes de pins.

189-190 — Trois panneaux en velours de Kachan, à dessin varié.

191 — Corsage de femme en brocart d'or.

192 à 194 — Trois corsages de femmes en brocart d'or et de couleur.

195 — Dessus de table en broché de soie et métal.

196 — Portière en soie rayée.

197 — Tapis de table en brocatelle rouge, dessin jaune.

198 à 207 — Bonnets de derviches, poches, bourses, pelotes et bissac en broderie.

208 à 215 — Quinze panneaux en toile, imprimés à dessins variés.

216 — Tapis en drap brodé, dessin mosaïque, sur fond bleu.

217 — Tunique en cachemire richement brodé, polychrome, sur fond noir.

218-219 — Deux coffrets en velours noir brodé d'or.

220 à 222 — Trois coffrets en velours rouge brodé d'or.

CUIVRES ET ACIERS

GRAVÉS ET INCRUSTÉS

223 — Bassin rond en cuivre gravé à rosaces et inscriptions.

224 — Deux jardinières décorées d'inscriptions et de personnages. XVIe siècle.

225 — Lampe de mosquée d'Ardebil en bronze. XIIe siècle.

226 — Aiguière et bassin en cuivre, finement gravé, parties émaillées, fond rouge. XVIe siècle.

227 — Torchère de mosquée en cuivre. XVIe siècle.

228 — Réchaud trypode avec inscriptions gravées. XVe siècle.

229 — Petite jardinière à rosaces et inscriptions gravées.

230 — Miroir en bronze, décor à groupes d'animaux. XVIe siècle.

231 — Ancien miroir en bronze à patine verte.

232 — Couvercle de plat en cuivre gravé à personnages et fond émaillé.

233 — Bol, fond étamé, dessin gravé et doré.

234 — Coupe ronde, gravée aux signes du Zodiaque.

235 — Coupe en fer, avec inscriptions égyptiennes.

236 — Narghilé en cuivre, incrusté d'argent.

237 — Petite lampe de mosquée à trois branches.

238 — Petite sébille en cuivre gravé à inscriptions.

239 — Petit chandelier surbaissé en cuivre gravé, incrusté d'argent.

240 — Brûle-encens trypode en cuivre byzantin.

241 — Cinq pièces : personnages et animaux en bronze, provenant de fouilles.

242 — Deux petites jardinières gravées.

243 — Trois encriers gravés.

244 — Deux sébilles gravées.

245 — Deux soucoupes et une petite jardinière gravée.

246 — Narghilé en cuivre gravé et noix de coco sculptée.

247 — Grand plateau rond en cuivre gravé et étamé, dessin à arabesques et rosaces.

248 — Deux grands vases en cuivre gravé et repercé, dessin à personnages et arabesques.

249 — Brûle-parfums gravé et étamé.

250-251 — Deux cerfs en acier, ornés d'incrustations d'or et d'argent.

252 — Deux petites aiguières en acier gravé et incrustées.

253 — Faucon sur perchoir en acier gravé et incrusté.

254 — Aiguière et bassin en acier gravé, incrusté d'or et d'argent.

255 — Gourde de derviche en acier gravé et incrusté d'or et d'argent.

256 — Deux vases en acier, avec incrustations d'or et d'argent.

OBJETS DE VITRINE

257 — Manche d'ombrelle en argent, orné de turquoises et pierres de couleur.

258 — Boucle de ceinture, ornée de turquoises et de grenats.

259 — Talisman, formé d'une grosse turquoise.

260 — Talisman en argent incrusté.

261 — Deux bracelets en argent. (Provenant de fouilles.)

262 — Deux chapelets, grains en jaspe.

263 — Deux bagues en argent, ornées de turquoises gravées.

264 — Trois bagues en argent, ornées de turquoises.

265 — Boucle et quatorze boutons en argent filigrané.

266 — Miniature sur ivoire représentant une Reine de Perse.

267 — Deux miniatures sur ivoire représentant des Rois de Perse.

268 — Petit bol en jade vert.

269 — Talisman en jade gravé.

270 — Médaille ancienne, argent gravé, avec inscriptions hébraïques.

271 — Goulot de narghilé en or, orné d'émaux à personnages et fleurs.

272 — Deux petites boîtes incrustées de mosaïques.

273 — Six peignes en bois odoriférant.

274 — Fragment de frise en bois de santal, gravé à inscriptions.

275 — Narghilé, incrusté de turquoises, monture argent.

276 — Deux porte-allumettes en cuivre, ornés de turquoises et grenats.

277 — Bougeoir en cuivre, orné de turquoises.

278 — Boîte à poudre en cuivre, incrusté de turquoises.

279 — Porte-allumettes en cuivre émaillé, à médaillons de personnages et fleurs.

280 — Deux porte-allumettes anciens en acier incrusté d'or.

281 — Porte-allumettes en pierre.

282 — Porte-cartes en broderie de perles.

283 — Petite tasse en jade, ornée de peintures à fleurs.

284 — Six coquetiers en argent filigrané.

285 — Onze coquetiers de même travail.

286-287 — Douze petites cuillers en argent filigrané.

288 — Rond de serviette et deux cuillers en argent.

289 — Boucle de ceinture et tire-bottes en cuivre, orné de turquoises.

290 — Jeu de cartes persan ancien en laqué.

291 — Quatre jeux de cartes persans.

292 — Trois émaux représentant des Rois de Perse.

293 — Douze émaux à personnages.

294 — Quatre agates herborisées.

295 — Deux camées anciens, avec hiéroglyphes.

296 — Vingt agates gravées, à inscriptions et figures.

297 — Sept œils de chats.

298 — Coq en agate.

299 — Collection de monnaies de cuivre.

300-301 — Quatre bourses en broderie d'or et de soie.

ARMES ANCIENNES

302 — Casque et brassard en acier incrusté d'or, avec inscriptions. XVIIe siècle.

303 — Yatagan, lame de forme contournée, incrustée d'or, manche en acier incrusté d'argent.

304 — Poignard à lame courbe, manche et lame incrustés d'or. XVIIe siècle.

305 — Couteau, lame incrustée d'or, manche en ivoire sculpté représentant un roi persan. XVIe siècle.

306 — Petit poignard, manche et monture en jade, incrustés de turquoises et pierres de couleur.

307 — Trois couteaux en acier, manches et lames incrustés d'or, dont un avec manche en corne.

308 — Grand poignard à lame courbe, manche en ivoire sculpté représentant des rois persans.

309 — Yatagan, lame plate à gouttière incrustée d'or, avec date et inscriptions, manche en ivoire.

310 — Trois yatagans à lames plates et à gouttières incrustées d'or, manches en corne et en ivoire.

311 — Fusil ancien, canon et batterie incrustés d'or avec inscriptions indiquant (qu'il a appartenu au roi Hussey).

312 — Quatre pistolets, canons et batteries incrustés d'or, dont un avec crosse en argent.

313-314 — Deux haches en acier gravé et incrusté d'or et d'argent,

315 — Pantalon et cotte de mailles.

316 — Hache de derviche en acier, incrusté d'or.

317 — Hache de derviche en acier, manche laqué.

318 — Casque, brassard et bouclier en acier incrusté d'or et d'argent.

319 — Bouclier en cuir de rhinocéros.

320 — Arc ancien en nerf de bœuf, décor laqué, avec ses flèches.

OBJETS DIVERS

321 — Balance persane dans un coffret en bois peint.

322 — Suite de cinq peintures représentant des Rois de Perse.

323 — Peinture représentant une Femme entourée de personnages et de cavaliers.

324 — Selle persane ancienne, à décor laque sur fond rouge.

325 — Miroir persan en laqué à fleurs.

326 — Miroir persan en bois sculpté et gravé, à arabesques. (Avec inscription indiquant qu'il a appartenu au Roi de Perse.)

327 à 328 — Trois chiboucks persans, tuyaux laqués et incrustés.

329 — Grande cuiller à sorbets, bois sculpté et ajouré. (A appartenu au Fatali-Schah.)

330 — Trois cuillers en bois sculpté et ajouré.

331 — Trois petites cuillers de même travail.

332 — Matraque de Derviche en bois de Chimchate.

333 — Grande glace en bois sculpté, gravé et ajouré, à personnages et arabesques.

334 à 335 — Trois manuscrits, couvertures en laque et cuir.

336 — Grand manuscrit orné d'enluminures et de miniatures, couverture en laque à fleurs.

337 — Album, renfermant : 95 aquarelles, types populaires persans.

338 — Paire de babouches brodées d'or, de Bouchara.

339 — Paire de babouches, de l'Afghanistan.

340 — Paire de babouches en cuir vert, avec talons laqués.

341 — Paire de babouches en cuir. (Chaussures de paysans.)

342 — Porte-livre pliant, décor laqué et incrusté. Travail ancien.

343 — Manuscrit : Histoire de la Perse, couverture en laque.

344 — Manuscrit, livre de Hafez, orné d'enluminures, couverture en laque rouge.

345 — Cravache, manche en argent incrusté.

346 — Objets omis.

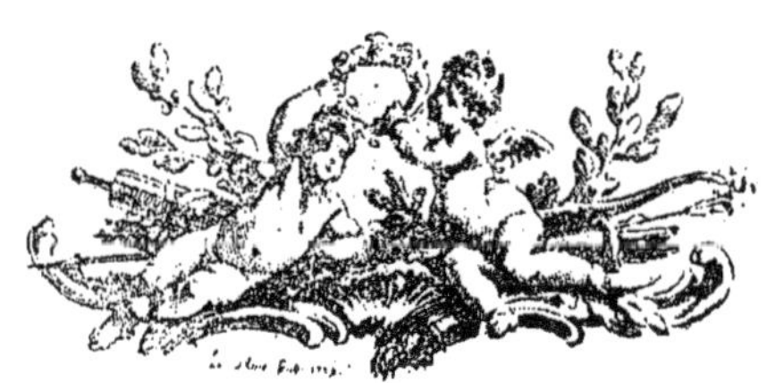

www.ingramcontent.com/pod-product-compliance
Ingram Content Group UK Ltd.
Pitfield, Milton Keynes, MK11 3LW, UK
UKHW020527180726
13839UKWH00005B/2359